AF233482

Extrait du *Journal officiel* de la République française
Du 19 Novembre 1895.

DISCOURS

PRONONCÉ PAR

M. H. WALLON

SÉNATEUR

SUR SA PROPOSITION DE LOI

TENDANT A

MODIFIER PLUSIEURS ARTICLES DU CODE D'INSTRUCTION CRIMINELLE, NOTAMMENT L'ARTICLE 269

POUVOIR DISCRÉTIONNAIRE DU PRÉSIDENT DE COUR D'ASSISES

SÉANCE DU SÉNAT DU 18 NOVEMBRE 1895

PARIS

IMPRIMERIE DES JOURNAUX OFFICIELS

31, QUAI VOLTAIRE, 31

1895

Extrait du *Journal officiel* de la République française
du 19 Novembre 1895.

DISCOURS

PRONONCÉ PAR

M. H. WALLON

SÉNATEUR

SÉANCE DU SÉNAT DU 18 NOVEMBRE 1895

MESSIEURS,

Le but de la proposition de loi qui est mise en délibération aujourd'hui était indiqué en peu de mots à la suite du texte que j'avais déposé sur le bureau du Sénat :

« Cette proposition, disais-je, a pour motif qu'il ne faut pas placer un témoin dans l'alternative de commettre un mensonge, sinon un parjure, ou de faire une déclaration de nature à perdre un ascendant ou un descendant.

« Mieux vaut laisser un crime impuni que d'imposer à un fils l'éternel regret d'avoir causé la mort ou le déshonneur de son père. »

C'est cette pensée qui l'a fait accueillir

favorablement par la commission d'initiative parlementaire et qui lui a assuré la majorité dans la commission spéciale nommée par vos bureaux, sinon sur tous les points, au moins sur un point capital, celui du pouvoir discrétionnaire du président en cour d'assises.

J'avoue que j'aurais voulu davantage. Ma proposition portait : « Les ascendants ou les descendants d'un inculpé ne pourront être entendus que sur leur demande, dans l'instruction ou dans le jugement de l'affaire. »

C'était moins un texte de loi qu'un principe à faire entrer, par des modifications d'articles, dans la loi. Pour l'instruction, je le reconnais, cela pouvait faire difficulté, surtout au début, quand on est encore à chercher le coupable. Il ne faudrait pas qu'en interrogeant, sans le savoir, les enfants du coupable, que l'on ne connaît pas encore, on fût exposé à introduire dans la procédure des causes de nullité.

Mais quant au jugement, je croyais être dans l'esprit de la législation qui a prévalu depuis la Révolution.

Déjà la loi du 8 nivôse an III (28 décembre 1794), qui réorganisait, tout en le maintenant avec toute la rigueur de ses pénalités, le tribunal révolutionnaire, de sinistre mémoire, portait :

« Ne pourront être entendus en témoignage, un mari contre sa femme, une femme
contre son mari, les ascendants contre les
descendants et réciproquement, les frères
et les sœurs contre les frères et sœurs et
les alliés au même degré. »

Et c'est le principe qui domine les articles de notre code d'instruction criminelle
en cette matière.

L'article 156 relatif au tribunal de simple
police qui dit :

« Les ascendants ou descendants de la
personne prévenue, ses frères, sœurs ou
alliés au même degré, la femme ou son
mari, même après le divorce prononcé, ne
pourront être appelés ou reçus en témoignage... »

L'article 189, qui applique la même disposition au tribunal correctionnel, et l'article 322, qui stipule la même interdiction
pour la cour d'assises, — avec cette réserve
pour les trois cas :

« ... sans néanmoins que l'audition des
personnes ci-dessus désignées puisse opé-
rer une nullité, lorsque soit le ministère public — ou le procureur général, — soit la
partie civile, soit le prévenu, — ou l'accusé — ne se sont pas opposés à ce qu'elles
soient entendues. »

Ainsi, même dans ces cas, au tribunal de
simple police, au tribunal correctionnel, en

cour d'assises, le ministère public, la partie civile, les accusés peuvent s'opposer à ce que ces témoins soient entendus, et ce à peine de nullité.

Cela étant, messieurs, la commission a pensé qu'il n'y avait pas lieu de toucher aux articles précités, s'en rapportant, pour écarter ces témoignages de l'audience, à la sagesse du ministère public comme à l'intérêt de la partie civile ou des accusés. Mais elle a jugé bon d'introduire une exception dans le pouvoir discrétionnaire du président, tel qu'il est réglé par l'article 269. Cet article porte :

« Il (le président des assises) pourra dans le cours des débats appeler, même par mandat d'amener, et entendre toutes personnes... »

La commission ajoute : « ... à l'exception toutefois des ascendants ou des descendants de l'accusé ou de l'un des accusés, lesquels ne pourront en aucun cas être appelés, s'ils n'ont été eux-mêmes l'objet du crime poursuivi, ou si leur présence à l'audience n'est réclamée par le défenseur du parent accusé ».

M. le rapporteur a présenté, avec une netteté et une fermeté de langage où l'on reconnaît le jurisconsulte consommé, les raisons qui ont motivé les décisions de la majorité de la commission, ainsi que les objections de la minorité; et la haute impartialité qu'il a montrée dans cet exposé ne fait qu'ajouter plus de force à l'adhésion qu'il a donnée au texte soumis au vote du Sénat.

La minorité a été d'avis qu'il faut à tout prix assurer, par la répression du crime, les droits de la justice; que l'ordre public le réclame.

La majorité a soutenu que l'ordre public réclame quelque chose d'un plus haut intérêt encore : c'est que, dans l'action de la justice, les droits naturels de la famille, base essentielle de la société même, ne soient pas ébranlés.

Dans l'état où la question se présente aujourd'hui, la majorité de la commission n'est guère en désaccord avec les cours d'appel qui ont été consultées. L'avis des cours qui nous a été transmis en résumé, porte sur les divers articles du code énumérés dans l'intitulé de ma proposition, articles qu'il eût fallu revoir si la proposition eût été accueillie dans son énoncé général. Or la commission avait, par avance, adopté les raisons des cours, excepté sur un point : l'article 269 touchant le pouvoir discrétionnaire du président en cour d'assises. L'avis des cours ne méconnaissait pas ce qu'il y a de grave dans la faculté donnée au président d'appeler un fils à déposer contre son père ; mais on croyait pouvoir s'en remettre à la prudence de la magistrature. La commission ne met pas en doute la prudence de la magistrature ; mais elle juge inutile qu'elle soit mise à l'épreuve dans les cas où l'abstention lui est commandée par des considérations d'intérêt supérieur.

Quant aux objections qui avaient été faites par la minorité à l'ensemble de la proposition, les plus graves, les seules graves s'évanouissent devant le texte auquel la majorité s'est ralliée.

On s'est demandé — et cela a donné lieu aux développements les plus pathétiques — comment en certains cas, trop communs, hélas ! on pourrait refuser à l'enfant de témoigner contre ses parents. Une fille outragée ne pourra-t-elle pas déposer, dans sa propre cause, contre un père indigne ? Notons qu'en aucune sorte, la proposition originaire n'avait ôté à la victime le droit d'invoquer la justice ; et l'objection tombe devant le texte que nous vous soumettons. En termes formels, il n'excepte les ascendants et les descendants que « s'ils n'ont été eux-mêmes l'objet du crime poursuivi ».

Mais si la déposition des ascendants et des descendants peut servir au contraire à la décharge de l'accusé, la disposition nou-

·velle ne lui ôtera-t-elle pas ce recours ? Non, car notre texte ajoute : «... ou si leur présence à l'audience n'est réclamée par le défenseur du parent accusé ».

Si l'on excepte le père et le fils, pourquoi, dit-on encore, ne pas excepter aussi le mari et le frère ? Parenté fort étroite, en effet, mais qui, on en conviendra, n'est pas assimilable, au point de vue naturel, et n'a jamais été assimilée par la loi au lien qui existe entre le père et le fils. Pour les époux et les frères ou sœurs, rien n'empêche de s'en remettre à la prudence du magistrat.

On dit aussi : Il ne s'agit pas, dans l'exercice du pouvoir discrétionnaire, de produire devant les jurés un témoignage. Le code dit : « Les témoins ainsi appelés ne prêteront pas serment, et leurs dépositions ne seront considérées que comme renseignements. »

Il ne faut pas se méprendre sur la portée de cette distinction ; il ne faut pas s'exagérer la valeur du serment, non pas en soi, mais quant à l'effet qu'il peut ajouter à la simple déposition sur l'esprit d'un juré.

Si un jugement n'était qu'une opération arithmétique, si les témoignages étaient représentés par des chiffres, et que les dépositions des ascendants ou descendants, affranchies du serment, n'étant pas réputées

témoignages, n'eussent ainsi que la valeur 0, on pourrait les recueillir sans rien
changer au résultat. Mais les dépositions
ont une valeur morale. Qu'elles soient faites
ou non sous la foi du serment, elles ont ou
peuvent avoir leur influence. Or si peu
qu'elles pèsent, ne fût-ce qu'un grain, si ce
grain est ce qui fait pencher la balance,
c'est ce qui aura décidé la condamnation.
A ce titre donc la déposition d'un père
contre son fils ou d'un fils contre son père
nous a paru inadmissible. De deux choses
l'une : ou la déposition n'était pas indispensable au jugement, et alors pourquoi donner en public le scandale d'un fils déposant
contre son père ?

Ou elle était nécessaire, sans elle on
n'aurait pu condamner ; et alors c'est véri-
tablement le fils qui aura causé la mort ou
le déshonneur de son père. Cela est immoral
et impie.

On invoque l'intérêt de la répression.
Dans les drames domestiques, dit-on, les
témoins les plus ordinaires sont les enfants.

C'est vrai, mais il y a un intérêt social
de premier ordre qui ne permet pas de faire
appel au témoignage des enfants : c'est le
respect des liens naturels de la famille. Un
fils accusant son père, c'est une chose
contre nature.

Pour faire justice d'un acte criminel, on ferait commettre un acte monstrueux.

On veut venger la société, et l'on violenterait la nature.

Nous voulons protéger la famille, dit-on. — Oui, sans doute; et nous aussi nous voulons la défendre; mais, pour cela, nous croyons qu'il ne faut pas la saper dans ses bases. Nous aussi nous voulons, autant que personne, réprimer les crimes domestiques qui sont pour elle les plus dangereux. Nous ne fermons pas le prétoire aux ascendants et aux descendants dans leur propre cause : objets du crime poursuivi, ils ont le droit de se plaindre, et on a le devoir de les entendre et de leur faire justice.

S'ils sont morts, ou si leur témoignage a besoin d'être corroboré, qu'on cherche d'autres moyens de preuve.

Mais que ce ne soit pas dans le témoignage d'un fils contre son père !

Le fils, dans ce cas, a le droit et le devoir de ne point parler.

Il y a plus d'une circonstance où celui qui connaît pertinemment, et peut-être qui connaît seul un fait, a le droit et le devoir de n'en pas témoigner : c'est ce qu'on appelle le secret professionnel. Il y a le secret professionnel du prêtre : on n'a pas jusqu'ici tenté de le forcer. Il y a le secret professionnel du médecin : les médecins savent bien le défendre, et la justice y veille. On a vu des médecins condamnés pour ne l'avoir pas gardé. Il y a le secret professionnel de l'avocat, du notaire, de l'agent de change aussi, dit-on; et nous avons vu revendiquer le secret professionnel du journaliste, du journaliste qui fait profession de crier les scandales par-dessus les toits! (*Sourires approbatifs.*) Je réclame le secret professionnel du fils.

N'y aura-t-il point par là quelques crimes impunis ? Peut-être. Mais combien de crimes, dont on a la certitude morale, restent impunis, faute de témoins!

Le fils ne peut pas être un témoin contre son père.

Il doit être considéré au procès comme un témoin qui, si on veut, a dû tout savoir, un témoin dont la déposition serait décisive, mais qui est mort, ou absent au sens légal. Il faut s'en passer.

L'intérêt qui s'attache à préserver de toute atteinte la constitution de la famille l'exige; et j'ajoute aussi l'intérêt de la magistrature. M. le rapporteur a retracé, en termes émus, une des scènes qu'il a dû avoir sous les yeux, car elle est prise sur le vif. Ecoutez, messieurs, car cette seule page devrait suffire pour faire voter la loi :

« On a vu, dit-il, rarement, mais trop souvent encore, devant nos cours d'assises ce douloureux spectacle d'un jeune enfant appelé à déposer contre son père ou sa mère, non pas seulement quand il était entendu comme témoin direct du crime, mais plus souvent quand il s'agissait, par exemple, de détruire, au moyen de ses déclarations, un alibi invoqué par l'accusé.

« Une question lui était posée à laquelle il répondait, souvent sans en comprendre la terrible portée ; avec un soin méticuleux on lui faisait préciser, répéter sa réponse, et chaque réponse nouvelle était un coup qui frappait le père dans sa liberté, dans sa vie. On suivait anxieusement dans sa marche fatale l'interrogatoire qui peu à peu assurait et enfonçait la blessure ; on le suivait avec effroi quand le magistrat tenait l'enfant terrifié sous un regard perçant et un accent sévère ; avec une angoisse plus pénétrante encore quand la profonde compassion du juge, se mêlant, sans l'éteindre, à son désir de la vérité, amollissait sa voix en inflexions bienveillantes où le pauvre innocent se laissait prendre.

« Situation pleine de terreur et de pitié dont le drame s'est emparé sans dépasser la réalité ! »

Cette pitié pour l'enfant ne peut point ne pas se tourner en un tout autre sentiment à l'égard du magistrat qui la provoque. Le fait d'appeler un fils à dire une parole à la charge d'un père ou d'une mère a, même en dehors de l'exercice du pouvoir discrétionnaire, attiré des répliques accablantes de la part de personnes les moins faites pour remontrer à un juge. Voici un trait que j'emprunte aux débats du crime de Courbevoie, crime qui, le 11 juin 1891, entraîna la condamnation à mort de trois des accusés, deux jeunes gens de dix-neuf ans, Doré et Berland, et la femme Berland, mère de ce dernier.

Il ne s'agit pas ici du pouvoir discrétionnaire du président; c'est un incident de l'interrogatoire des accusés, mais l'exemple n'en est pas moins frappant. Le président s'adresse au principal accusé :

« D. La femme Berland vous a retrouvés tous rue d'Orgeville. Quelle a été la conversation?

« Doré. — Oh! elle a dit : « C'est bien travaillé ça, mes enfants! »

« D. Est-ce vrai, Berland?

« Berland. — J'peux pas charger ma mère, vous comprenez, mon président. »

Cette parole m'a touché, intéressé même pour ce malheureux. J'ai voulu suivre dans la chronique judiciaire le jeune condamné jusqu'à la fin.

Le jour de l'exécution, quand on vint l'éveiller et qu'on lui dit : « Votre recours en grâce est rejeté. — Et ma mère? s'écria-t-il. — Elle est graciée! — Alors tout va bien. » Il s'habilla et marcha au supplice.

Le sens moral n'était donc pas entièrement détruit dans le cœur de ce jeune criminel, puisqu'il y restait la piété d'un fils pour sa mère. Si le droit de grâce pouvait s'exercer jusqu'à la dernière minute, cette parole, ce cri du cœur aurait dû arrêter le bras du bourreau!

Je reviens à mon sujet pour ne plus citer qu'un autre exemple. Il m'est fourni par la femme Achet, condamnée, en mai 1891, à douze ans de travaux forcés, par la cour d'assises de l'Allier pour avoir assassiné chez elle, de guet-apens, le notaire Lépine.

On croyait qu'elle avait eu un complice, ce qui ajoutait à la gravité du guet-apens. Le président lui dit : « Ce qui a fait croire à l'existence d'un complice, c'est que vos récits ont plusieurs fois varié lorsqu'on vous a interrogée sur la position du cadavre; de plus, vous savez que votre fils a été entendu; cet enfant a déclaré qu'il avait été réveillé en sursaut par les détonations du revolver; il avait entendu crier et avait reconnu la voix de M. Lépine, qui lui était familière. Il a ajouté qu'il avait entendu des pas et une voix d'homme. Quelles explications avez-vous à donner, s'il n'y a rien de vrai là-dedans? Vous ne pouvez pas croire qu'on ait fait la leçon à cet enfant. Voyons, répondez. »

L'accusée. « Je répondrai que je trouve bien mal qu'on ait entendu cet enfant. »

Je ne sais si le juge d'instruction avait pu ne pas l'interroger. Mais le crime étant avoué, il était sinon inutile, au moins bien cruel de reproduire à l'audience le témoignage du fils à la charge de sa mère : un témoignage qui pouvait faire tomber la tête de sa mère.

C'est bien pis quand, en vertu de son pouvoir discrétionnaire, le président appelle le fils à déposer devant le tribunal !

En somme, messieurs, le vote ou le rejet de la loi qui vous est proposée se ramène à ceci :

Veut-on pousser la répression du crime jusqu'à ce terme extrême où, pour arriver à une condamnation, il faut nécessairement produire le témoignage du fils contre son père — car, si ce témoignage n'était pas indispensable, pourquoi y recourir?

Ou, si le crime ne peut être atteint que par ce témoignage contre nature, ne vaut-il pas mieux que, comme tant d'autres, il reste impuni, faute de témoins ?

Le Sénat aura à se partager en deux camps. Dans le premier seront ceux qui, en toute conscience, croient que l'ordre public exige la répression du crime à tout prix; qui, anciens magistrats, présidents de cours d'assises, n'ayant jamais excédé leurs droits, ni abusé du pouvoir discrétionnaire, estiment que la magistrature est assez prudente pour n'en jamais abuser; mais je me trompe en rangeant tous les anciens magistrats de ce côté : car c'est un ancien procureur général, un ancien garde des sceaux, qui, faisant partie de notre commission, a proposé la rédaction à laquelle la majorité s'est ralliée : c'est M. René Goblet; et en quittant le Sénat pour retourner à la Chambre des députés, il m'a promis d'y soutenir la proposition, quand elle y reviendrait votée par vous.

Il s'est donc rangé, lui, ancien procureur général et ancien garde des sceaux, dans le camp de ceux qui pensent que l'on ne compromettra point les droits de la justice en se refusant à provoquer le témoignage d'un fils contre son père, et qu'on raffermira plutôt l'ordre public en respectant les droits imprescriptibles de la nature et de l'humanité.

Il peut vous paraître téméraire, messieurs, qu'un homme étranger à la magistrature et à la pratique du droit ose toucher au code d'instruction criminelle. Il lui est pourtant arrivé, il y a bien des années déjà, d'oser une chose plus téméraire encore : c'est de toucher, sur un point considérable, au code pénal.

En 1849 (1er décembre), membre de l'Assemblée législative, j'ai déposé sur son bureau une proposition ainsi conçue :

« 1° La mort civile est supprimée.

« 2° Les condamnés aux peines emportant mort civile seront privés de l'exercice des droits civils et assimilés, quant à la jouissance de ces droits, aux condamnés aux travaux forcés à temps ou à la réclusion. »

Cette proposition, dont je n'ai pu suivre le sort jusqu'au bout, ayant donné ma démission de représentant du peuple après la loi du 31 mai 1850, fut l'objet d'un rapport entièrement favorable de l'honorable M. Demante, rapport très étudié, trop longuement étudié, car il ne fut déposé que le 13 novembre 1851 — c'était bien près du 2 décembre ! La proposition ne put donc pas être votée par l'Assemblée, mais elle ne s'abîma point dans le coup d'Etat et elle devint la loi du 31 mars 1854.

Je me féliciterais si, ayant provoqué l'abolition d'une peine contre nature aux débuts de ma carrière politique, j'obtenais, au moment où je la termine, la suppression ou du moins la limitation d'un droit qui peut avoir les effets les plus révoltants. (*Très bien ! très bien ! — Applaudissements sur un grand nombre de bancs.*)

La proposition n'est pas adoptée.

Imp. des *Journaux officiels*, 31, quai Voltaire.